NOTICE

SUR

SŒUR MARIE-OPPORTUNE

GOUTHIÈRE

Décédée Religieuse de Saint-Vincent-de-Paul.

BAR-SUR-AUBE

Typographie et Lithographie de Mme JARDEAUX-RAY.

1865

NOTICE

SŒUR MARIE-OPPORTUNE GOUTHIÈRE

Le 1ᵉʳ août 1839, dans le bourg de Juzen-
necourt, vint au monde une jeune enfant que
le ciel avait bénie dès le sein de sa mère.
Présentée sur les fonds du baptême, la reine du
ciel lui fut donnée pour spéciale protectrice ;
elle reçut le doux nom de Marie. Son père,
Pierre Gouthière, et sa mère, Marie-Emélie
Guyot, étaient heureux de voir cette jeune enfant grandir sous leurs yeux, et dès les premiers
jours ne leur donner que contentement et bonheur. A peine sa jeune intelligence commença-
t-elle à se manifester, que sa pieuse mère lui
apprit à regarder le ciel et à invoquer le nom
de celle qui était sa mère adoptive. Heureux
trois fois les enfants qui ont des mères chré-
tiennes ! Ils apprendront à bénir Dieu et à
aimer ceux qui leur ont donné la vie du corps.

La belle âme de la jeune Marie enfermée dans un corps qui était doué de tous les avantages de la nature, s'éprit facilement de l'amour de Dieu, s'ouvrit à toutes les impressions de la vertu, laissa bien vite deviner quels trésors de grâces Dieu déposerait en elle, et combien pure serait sa vie qui ne devait durer que quelques jours. A peine ses petits pieds affermis pouvaient-ils supporter son frêle corps, que régulièrement elle prenait le chemin de l'église, toutes les fois que la loi de Dieu en faisait une obligation à sa mère et là s'agenouillant devant l'autel de sa bonne protectrice, elle lui offrait avec sa prière l'hommage de son cœur. L'heure de l'éducation chrétienne avait sonné : docile aux instructions de son pasteur, soumise en tout et toujours aux enseignements des bonnes religieuses qui avaient pris soin de la guider dans le chemin de la vertu, la jeune Marie ouvrit bien vite son cœur aux bonnes influences de la religion. Quand, vers la onzième année, il lui fut annoncé que le plus beau jour de sa vie allait arriver, elle ressentit une joie inexprimable. Si jamais l'intelligence d'une enfant a compris l'amour de Jésus-Christ dans la sainte Eucharistie, on peut dire de la jeune Marie quelle a eu dans ce beau jour cet ineffable bonheur. A partir de cette époque dont le souvenir ne s'efface jamais, la vanité du monde, l'inanité de ses plaisirs, la fumée de ses honneurs ont passé devant elle, sans éveiller dans son âme le moindre désir.

Ce fut quelques jours après ce grand acte de la vie chrétienne, que son père fit l'acquisition d'une propriété dans le joli village de Dolancourt-sur-Aube.

Au mois de mai 1852 il venait avec sa famille prendre possession de son nouveau domaine.

Tout village dans notre belle France possède un monument religieux au sommet duquel brille le signe trois fois auguste de la rédemption. L'église de Dolancourt, plus que modeste, venait, grâce à la générosité de M. Lefranc, ancien architecte des domaines de la couronne, de recevoir plusieurs embellissements que, quelques années plus tard, il devait compléter par l'érection de deux chapelles. Mais la pauvre église était dépourvue d'ornements de toute sorte et ressemblait trop par sa nudité à l'étable où avait pris naissance le Sauveur du monde. Aussi toutes les préoccupations de la jeune Marie furent-elles pour l'embellissement du nouveau temple, dans lequel elle viendrait répandre son âme devant Dieu. Avec le plus grand empressement, elle sollicita l'honneur d'orner les autels du vrai Dieu et de Marie, sa bonne Mère. Bientôt, grâce à ses soins, à sa générosité, ces modestes autels furent transformés et rendus dignes de la majesté de Dieu. Là était toute sa joie, toutes ses délices, son bonheur, son cœur. C'était aux pieds de ces autels qu'elle devait un jour dire à Dieu : « Mon Dieu, vous êtes mon tout. »

Déja le monde faisait briller à ses yeux sa félicité, ses joies ; déjà sa famille apercevait le jour où un bel avenir se présenterait devant elle ; déjà bien des familles honorables enviaient la main d'une jeune fille qui, à tous les avantages de la beauté, joignait une éducation des plus distinguées et les qualités du cœur les plus rares. Le monde se présentait donc à elle avec tous ses appâts, mais le monde n'était pas digne d'elle ; le monde était trop étroit pour contenir un aussi vaste cœur. La jeune Marie qui ne connaissait que le chemin de l'église, étudiait depuis longtemps sa vocation et demandait tous les jours au ciel de lui faire connaître sa volonté, trop heureuse s'il lui fallait consentir à un grand sacrifice. Le signe de Dieu ne se fit pas longtemps attendre. La jeune Marie le comprit, et dès lors sa résolution fut irrévocablement arrêtée. Toutefois, elle sentit qu'une grande détermination. qui importe tant au bonheur de la vie, ne doit point être prise sans avoir été très sérieusement réfléchie. Aussi. attendant de Dieu de lui faire connaître le temps et l'heure de son sacrifice. elle n'eut pour témoins de son premier engagement que Dieu, la vierge Marie et son Ange gardien. Ses parents ne soupçonnaient pas qu'un jour cette chère enfant leur serait ravie pour toujours. Pendant plusieurs années, uniquement occupée de partager avec sa bonne mère les soins du ménage, elle lui faisait la compagnie la plus douce ; elle aimait à visiter les malades, à leur porter des secours, à les encourager à bénir Dieu dans les souffrances et les maladies. Très souvent encore, elle s'entourait de petites filles auxquelles elle enseignait les premiers éléments de la religion, heureuse de commencer un noviciat qu'un jour elle continuerait avec tant de charité et de dévouement.

Le temps avait passé, toujours gracieux sous le toit paternel ; le bonheur était le partage de cette famille bénie. Mais le bonheur ici-bas n'est que d'un jour, et la tristesse est presque de tous les jours. La jeune Marie avait dû passer dix-huit printemps : c'est l'époque solennelle des grands engagements. Un jour son excellent père qui avait rêvé pour sa chère enfant une position honorable dans le monde, lui confia ses projets d'avenir. O cruelle déception pour le cœur d'un père qui n'avait entrevu jusque-là que la prospérité du temps !.. Avec un sang-froid imperturbable, une volonté bien arrêtée, dans un langage plein de respect, la jeune Marie fit connaître qu'elle ne s'appartenait plus, que son cœur était à Dieu.

Trop souvent, en pareilles circonstances, on a vu des pères de famille, usurpant les droits de Dieu, opposer leur volonté à celle du Maître Souverain et abuser d'une autorité dont ils ne devraient faire usage que pour le bonheur de leurs enfants. Ainsi n'agirent pas lés parents de la jeune Marie. Sans doute leur cœur fut plongé dans une profonde douleur à la pensée du grand sacrifice auquel ils seraient peut-être obligés de consentir. Elle avait été si bonne, si affectueuse, cette chère enfant, que la pensée d'une séparation leur était aussi amère que celle de la mort. Mais pourtant, si Dieu le voulait...... Donc il fallait écouter la voix du ciel. Il devait y avoir le temps de l'épreuve. Le creuset purifie l'or et le rend plus brillant; le ciseau détache de la pierre précieuse toutes les scories qui l'ont enveloppée dans le sein de la terre ; l'épreuve fait briller la beauté de la vertu et la fait l'admiration de la terre et la joie du ciel.

La famille Gouthière avait dans le voisinage un ami sincère qui, prêtre, avait connu la jeune Marie, et pendant quelques années l'avait aidée de ses conseils. Vite les anxiétés de la famille lui sont confiées. C'est à la suite de cette confidence que s'établit entre la jeune Marie et le prêtre cette correspondance qui fera voir combien elle avait pesé mûrement aux pieds des autels les motifs qui l'ont déterminée à se consacrer à Dieu.

A la date du 13 octobre 1858, elle lui écrivait :

« Monsieur,

« Quand aurons-nous donc le plaisir de vous voir ? Je serais très-heureuse de causer longuement avec vous et de réclamer vos bons conseils, car il y a du nouveau dans mes finances. Non, ma cellule paternelle ne m'a point été assignée pour perpétuelle demeure : quand l'oiseau a des plumes et de grandes ailes il s'envole... Eh bien ! moi aussi je m'envolerai. Que direz-vous de ma résolution ? Je vais me faire sœur de Saint-Vincent-de-Paul, si Dieu m'aidant, les choses arrivent à bonne fin. Voilà le bonheur que j'espère et que j'attends ; j'ai compris que le monde et ses joies trop futiles, ne pouvaient m'en donner d'aussi pur et d'aussi-vrai.

« Vous pensez bien que cette idée-là ne m'est point venue d'aujourd'hui, et que ce n'est qu'après de mûres réflexions que j'ai pris une telle décision et que je me suis décidée à en faire l'ouverture à mes parents. J'ai lutté contre ma famille, contre le monde et contre moi-même ; j'ai combattu longtemps et la grâce a triomphé. J'ai déposé toutes mes espérances aux pieds de Jésus et de Marie, et ce n'est que par leur protection visible que j'ai pu renverser les obstacles qui se créaient sous mes pas. Je n'en puis plus douter, Dieu m'appelle, et ne croyez-vous pas qu'il est de mon devoir de lui obéir ? Pourrais-je refuser mon cœur à celui qui me l'a donné ? Le monde ne peut avoir d'attraits pour moi, et je ne puis en avoir pour lui, puisque j'ai donné à Dieu tout mon amour. Je compte sur la Providence pour alléger un peu la douleur de mes bons parents. Je remercie Dieu qui les a si bien dirposés au sacrifice qu'il leur demande. Si vous saviez, Monsieur le Curé, comme ma pauvre mère est admirable de résignation ! Elle rend à Dieu, malgré les cris de la nature, ce que Dieu lui avait donné. C'est pour moi, je vous assure, une bien douce consolation ; vous comprendrez que pour papa, la chose est plus difficile, et cependant il sacrifie tout à mon bonheur. Oui, c'est là que je trouverai mon bonheur et ma vie ; c'est au milieu des pauvres et des malades que je trouverai les seules joies du monde qui puissent convenir à mon cœur. C'est au pied de la Croix que j'ai puisé le courage et la force de quitter ma famille, tout ce que j'ai de plus cher au monde, ma mère que j'aime tant, que je n'ai jamais quittée, et que mon absence laissera dans l'isolement et la douleur. C'est encore au pied de la Croix que je demanderai pour elle des consolations, et pour moi les grâces dont j'aurai besoin pour remplir la mission que le Seigneur m'aura confiée. C'est dans la Sainte-Communion et dans les Saints-Cœurs de Jésus et de son Immaculée Mère, que je me souviendrai de mes parents, de mes amis, de toutes les personnes qui me sont chères, de vous, Monsieur, qui avez été pour

nous tous un ami dévoué et qui serez pour moi,
je l'espère, un intercesseur auprès de Dieu. Ne
m'oubliez pas au saint Sacrifice. »

« Dolancourt, 9 novembre 1858

« Je n'ai pu répondre plus tôt à votre lettre,
elle m'est arrivée au milieu des préparatifs
d'un départ. Je viens de passer quelques jours
à Saint-Nicolas-de-Port (près Nancy), chez
madame S.... J'étais avec papa qui allait là
non pour se promener, il n'aurait pas su, mais
pour estimer une ferme de madame S... Je
n'étais point fâchée de faire ce voyage; nous
avons visité Nancy dans tous ses coins et re-
coins, et je suis revenue très-satisfaite de mon
excursion en Lorraine.

« Je vous remercie, Monsieur, des précieuses
reliques dont vous avez fait enrichir mon cha-
pelet, il m'est bien précieux, et j'espère pouvoir
le conserver jusqu'à la fin. Je vous remercie
aussi de vos conseils et de vos sages observations : Vous ne craignez pas de perdre mon
estime, je le crois bien. J'ai reconnu une fois
de plus votre affection pour moi.

« Le monde, il est vrai, m'a laissé voir quelques travers ; ses joies m'ont paru quelquefois vides, ses affections souvent inconstantes !... et je voulais m'appuyer sur un point solide, inébranlable. Je ne voulais point dépenser inutilement tous les trésors d'affections que j'ai dans le cœur. Ne croyez point pour cela que je méprise et dédaigne le monde. J'admire et j'apprécie les femmes qui vivent dans le monde, remplissant leurs devoirs d'épouse et de mère, et qui élèvent leurs enfants dans l'amour de la vertu. N'ai-je pas sous les yeux l'exemple de mon excellente mère ? Pour moi, afin de justifier ma conduite, je vous dirai que par une impulsion naturelle à mon cœur, mon âme s'en retourne et se donne sans partage à celui qui l'a créée ! J'ai senti que Dieu m'avait donné un cœur capable d'aimer beaucoup. Mais comment, me disais-je souvent, dépenser tant d'amour ? Alors, j'ai cru entendre la voix secrète de Dieu qui m'appelait à lui : « Viens, ma fille ! donne-moi ton cœur, le monde ne saurait répondre à ton amour, et tu trouveras dans le mien d'inneffables délices. » Me serais-je trompé à l'accent de cette voix intérieure ? Ai-je été trop prompte à suivre l'attrait de mon cœur ? Je sais qu'une femme chrétienne peut faire par ses bons exemples, infiniment plus de bien que moi, pauvre fille, jetée dans un coin obscur, je n'en ferai au milieu de mes pauvres et de mes malades; et cependant j'entends retentir dans tous les coins du monde des plaintes et des gémissements, ce sont les pauvres, les infirmes, les orphelins ; la Providence semble les avoir abandonnés ; mais non, Dieu a l'œil sur tous, ils trouveront sur la terre des anges protecteurs qui calmeront leurs douleurs, essuyeront leurs pleurs. Que deviendraient, me disais-je souvent, tant de malheureux s'ils étaient abandonnés à des soins mercenaires ? Que deviendraient les orphelins, que deviendrait la société, si des femmes dévouées ne prenaient le soin de mettre dans leur cœur et d'y faire fructifier le germe précieux de la vertu et de la religion ? Et faut-il abandonner cette noble mission à celles qui sont dans la misère et dans l'isolement et qui renoncent au monde parce que le monde a renoncé à elles ?

Non, vous le savez par expérience, on ne donne pas à Dieu ce que le monde dédaigne ; le Divin Maître choisit pour soigner ses membres souffrants ceux qui l'aiment, et il accueille de préférence les cœurs qui renoncent pour lui aux jouissances de la vie. Oui, je vais quitter ce que j'ai de plus cher sur la terre. Voilà ce qui dépasse les bornes de ma pauvre nature humaine, et quand je consulte mon affection pour ma famille, je me dis : Ce n'est pas moi. Il faut donc qu'une force divine me fasse agir, m'attire et m'entraîne, après avoir brisé les liens de la nature. Me suis-je abusée sur toutes ces luttes intérieures ? Dieu me demande-t-il un aussi grand sacrifice ? Peut-être, comme vous le dites, n'ai-je pas assez réfléchi ? Mais si telle est la volonté de Dieu, je compte sur la divine Providence pour consoler ceux que j'aime, et je me repose du reste sur l'immaculée Marie, et je la prie de m'éclairer. »

« Dolancourt, 12 décembre 1858.

« Vous êtes en effet bien difficile à convaincre; je m'aperçois que mon éloquence n'a pas grand succès. Quel malheur de n'être pas théolo-logienne ! J'imagine que je trouverais tout de suite de quoi renverser toutes vos préventions ; eh bien ! puisque vous vous obstinez à ne pas me croire, je ne vous dirai plus rien pour vous persuader de la sincérité de mes paroles. Je vais seulement répondre à vos questions. Depuis plusieurs années, je rêve à la vocation que je désire embrasser, mais cette idée était contre-balancée ; depuis un an, j'y pense très-sérieu-sement, n'est-ce pas assez ? Je vous entends me répondre non, non, pensez-y encore cinq ans. Cinq ans ! Juste Ciel ! Mais si j'y pensais encore cinq ans avant de mettre mon projet à exécution, je serais vieille, si vieille, que je ne serais d'abord plus en âge d'être admise, et puis, à quel âge m'accorderez-vous donc l'usage de la raison ?

» Passons à la grave question que vous avez cru que je voulais éluder ; mais non, j'ai trop de confiance en vous pour que vous pussiez m'en faire d'indiscrètes. Monsieur le Curé de D... a toute mon estime, mais je ne l'ai pas consulté.

2

« Je suis allée passer quelque temps à la Visitation ; j'ai eu plusieurs conférences avec la Supérieure, en qui j'ai beaucoup de confiance ; je ne suis pas la seule, bien des personnes la consultent et ce n'est qu'après avoir reçu son approbation que je me suis prononcée. Quant aux constitutions de l'Ordre, je les connais aussi bien que leurs jolies cornettes ; j'ai des relations très-fréquentes avec les sœurs de Dienville : la supérieure est très bien , c'est là que je compte faire mon postulat, si Dieu me fait la grâce d'arriver au but.

« Qui m'a inspiré ma vocation ? Je puis vous affirmer que personne au monde ne m'a insinué cette pensée-là ; Dieu me l'a mise dans le cœur et je l'ai conservée comme un trésor qui m'appartient et dont je suis libre. Je n'ai pas montré vos lettres à papa ; vous tombez trop bien dans ses idées , et comme il m'est déjà assez hostile, je ne veux pas lui mettre entre les mains une arme de plus contre moi. Maman, sans désapprouver ma vocation, m'a fait toutes les observations que lui dictait la prudence; maintenant, malgré les cris de la nature, sa foi vive et son affection pour moi lui donnent le courage de sacrifier ses espérances d'avenir : elle partage vos appréhensions et vous approuve fort. Papa trouverait que vous avez trois fois raison. M. H... me blâme de toutes ses forces, et ce qui m'est très pénible, c'est qu'il me croit un mauvais cœur : il me traite d'égoïste. »

« D....., 23 janvier 1859.

« Depuis longtemps, papa m'assure qu'il ira bientôt vous voir. Je pensais l'accompagner ; mais, comme il remet son voyage de jour en jour et de mois en mois, je crois qu'il finira par le remettre à l'année prochaine. C'est vraiment abuser de la bonne foi des honnêtes gens ; enfin que sa volonté se fasse et non la mienne. Je suis fille soumise à toutes les épreuves ; mais en attendant, Monsieur le Curé, viendrez-vous à D..... J'espère que votre indisposition n'a pas eu de suite, et que vous êtes bien rétabli. Pour achever votre guérison, sortez donc un peu de vos bois et de votre solitude, et venez respirer l'air pur de nos montagnes ; mais je sais si mal plaider mes causes, que je n'aurai guère plus de succès pour cela que pour autre chose. Il y a cependant un proverbe qui dit : Ce que femme veut, Dieu le veut. Monsieur le Curé, si je voulais que vous vinssiez à D....., Dieu le voudrait sans doute aussi, et il faudrait bien vous conformer à sa volonté sainte.

« Votre dernière lettre n'était pas trop réjouissante ; elle a bien affligé maman. Croyez-vous sincèrement qu'il y a encore de notre temps de ces victimes gémissant derrière les verrous du cloître ? oh ! non, je ne le crois pas. J'ai vu de près bien des religieuses ; elles m'ont paru toutes heureuses, et je crois, avec conviction, que le bonheur dont elles jouissent est le *seul* sur la terre qui se rapproche le plus du bonheur céleste. Oh ! qu'il est pur, qu'il est vrai, qu'il est suave, qu'il est solide, et que tout le reste semble fragile et vain au cœur qui l'a compris ? Je sais bien que nous ne pouvons vivre toujours dans ces extases qui nous ravissent et nous transportent dans une autre sphère que la nôtre. Je sais que Dieu envoie quelquefois des épreuves, qu'il se cache sou-

ent derrière notre cœur. J'espère pouvoir tout
upporter, car je me rappelle avec confiance
ette parole d'un saint : Je puis tout en celui qui
st ma force. Oui, avec la grâce de Dieu, je
uis tout, et quand le monde entier se mettrait
n travers de ma vocation, j'escaladerais le
nonde et j'arriverais à mon but. Vos réflexions
ont très justes, votre principe est vrai, je le
ais, vos conseils sont dictés par la sagesse et
'affection ; je vous en suis très reconnaissante ;
nais je crois avoir lu plus avant dans votre
cœur. Vous m'applaudissez tout bas de quitter
n monde qui ne nous offre souvent que des
léboires, et vous n'avez pas voulu me le dire,
parce que vous vouliez éprouver ma vocation,
et si elle peut arriver dans votre esprit à l'état
de certitude, vous m'enverrez toutes vos félici-
tations et vos bénédictions. »

« D....., 2 mai 1859.

« Je viens de retrouver dans un coin une
lettre que je vous adressais il y a un mois, et
qui a été oubliée. Savez-vous que Th... nous a
quittés ? Il devait vous écrire ; il est à Troyes

depuis quinze jours , clerc de notaire chez M. A... Papa a pris cette résolution subite il y a environ un mois. Voyant que ses affaires ne suffisaient plus pour occuper son fils, il a résolu de lui faire suivre une autre carrière : Théobald restera à Troyes jusqu'au mois d'octobre, époque à laquelle il doit aller à Paris pour y faire un stage de notaire. Je vous avoue que ce dérangement si prompt et si subit dans notre vie de famille m'a vivement contrariée. Je comptais sur mon frère pour me remplacer auprès de mes parents, et voilà qu'un double sacrifice va leur être imposé. Ce qui me console, c'est que, dans trois ou quatre ans, j'espère que Théobald reviendra à Dolancourt. Je crois qu'il ne saura pas se décider à l'abandonner. En attendant, papa a pensé qu'il valait mieux pour lui qu'il s'habituât un peu aux affaires dans une étude. Pour moi, je tremble un peu de le voir privé des conseils de mes parents, livré à lui-même au milieu d'un monde qu'il n'a pas encore appris à redouter, et qui se pare pour lui de couleurs bien séduisantes ; enfin la Providence est là, et je la prie ardemment de veiller sur lui.

» Notre séparation a été fort triste ; je n'ai pu penser, sans un cruel brisement de cœur, que nous ne nous retrouverions plus sous le toit paternel : nous y avons passé de si belles et de si heureuses années ! Comme il faut déchirer son cœur sur la terre ! comme il faut le sacrifier ! Ce qui me cause à moi la plus grande peine, c'est, vous le savez, de voir la douleur que je cause à ma pauvre mère. Je pense quelquefois que je suis barbare. Si je pouvais prendre pour moi tous les sacrifices et les épargner à mes excellents parents, comme je le ferais avec bonheur ! Mais Dieu nous réserve à chacun notre part, et celle de ma pauvre mère ne sera pas la moindre. Je viens de passer les fêtes de Pâques chez les sœurs de Dienville ; plus que jamais je soupire ardemment après le moment de ma séparation du monde ; j'attends ce jour comme on attend la vie ; ah ! quand pourrai-je donc enfin me donner aux pauvres et aux malheureux avec toute l'ardeur de mon âme ? »

       « 13 Juin 1859.

» Je suis bien étonnée de ne point recevoir

de vous le moindre petit signe de vie, vous m'aviez promis de m'écrire et vous m'oubliez. Je me suis résignée bien tristement à différer mon voyage à C..... J'aurais été bien contente d'assister à la cérémonie de vos premières communions ; mais papa vous a dit, je pense, quels étaient les motifs qui nous ont empêchés. Je me réjouissais aussi de vous voir pour vous parler encore de mes belles espérances ; mais j'espère bien me dédommager une autre fois de ce contre-temps. Écrivez-moi donc si vous n'en êtes pas empêché par un rhumatisme dans le bras. Quant à mon projet de départ, j'en suis toujours au même point, sans cesse balancée entre la crainte de le voir retardé et l'espoir de le mettre bientôt à exécution. Les barricades sont difficiles à renverser, et elles ne me font pas défaut, mais j'espère toujours. J'espère plus que jamais, et je ne suis pas surprise des obstacles que m'oppose la tendresse de mes parents. Le cri de la nature est difficile à étouffer. Les épreuves accompagnent la marche des solides vocations, et c'est ce qui me console ; il me semble que c'est comme cela qu'elles s'affermissent et s'épurent. Je crois le sentir tous les jours.

« Je vais encore vous confier un de mes petits secrets, ce ne sera pas la première fois de ma vie : Je voudrais faire construire une petite chapelle à la Sainte-Vierge, dans la Garenne; ce serait un petit souvenir que je serais heureuse de laisser à ma famille. Seulement je ne réaliserai ce projet qu'après ma sortie du séminaire, c'est-à-dire après être fixée definitivement dans la communauté, parce qu'alors je pourrai toucher quelque chose de plus sur ma dot. Mes parents pensent toujours que je pourrais revenir, me marier et avoir besoin de ma dot; pour ce motif ils ne veulent pas que je l'amoindrisse. M. L.... veut bien se charger du plan et vous, Monsieur le Curé, je suis sûre que vous vous chargerez bien volontiers de venir la bénir dans deux ans, je l'espère. Comment trouvez-vous mon petit projet? On fera tous les ans dans ma chapelle un pélerinage, une petite fête, et M. le Curé de Dolancourt y établira l'archiconfrérie de Notre-Dame-des-Victoires. Comme tout cela n'est encore qu'à l'état de projet, je vous prie de le tenir secret... »

« D.... 13 septembre 1859.

« Les jours de grandes épreuves sont passés, me voici postulante. Je n'essaierai pas de vous dire mes impressions, mon pauvre cœur est si plein de choses que j'ai bien de la peine à démêler mes idées. Ce que je puis dire, c'est que je suis heureuse, et ce que je ne puis comprendre, c'est que mon propre cœur soit pour moi-même un mystère que je ne puis m'expliquer. Être heureuse quand je viens de me séparer de ce que j'aime le plus au monde, ce n'est point l'œuvre de la nature, c'est l'œuvre de Dieu. Que j'admire et que je remercie la divine providence qui daigne m'appeler à une si sainte et si sublime vocation ! et combien je dois travailler à m'en rendre digne. J'ose encore, Monsieur le Curé, vous demander le secours de vos bonnes prières, j'en ai tant besoin. Priez que je sois plus fidèle aux grâces nombreuses que Dieu me donne. Pensez souvent à mes bons parents. Demandez pour eux la résignation et le bonheur. Je serais si heureuse de voir mon pauvre père mettre son sacrifice au pied de la croix, chercher des consolations dans le sein de notre divine religion ! Mais vous nous l'avez dit vous-même, notre sacrifice sera pour notre famille une source de bénédictions. J'ai la conviction que mon excellent père viendra à la pratique de ces croyances religieuses. Tous les jours de ma vie, j'offrirai pour lui, pour eux tous, que j'aime d'une égale tendresse, mon travail et ma prière. Mon frère m'a écrit une lettre bien triste mais résignée.

« J'ai reçu hier la visite de mes bons parents, notre entrevue s'est très bien passée ; ils ont été admirables de résignation. Je ne puis me lasser d'admirer la puissance de la grâce qui les a si bien préparés à cette grande épreuve. Mon frère a dû arriver à Dolancourt hier soir ; il y restera quelque temps, environ trois semaines avant son départ pour Paris.

« Je vous remercie, Monsieur le Curé, de l'affection que vous portez à ma famille, du secours de vos prières qui m'ont bien aidée auprès de Dieu. Je vous demande de continuer à attirer sur nous les bénédictions du ciel. »

« D....., 26 décembre 1859.

» Je pars demain à Paris pour y faire mon noviciat ; deux de nos Sœurs me conduiront demain matin à la station de Jessains ; là je trouverai mes parents qui m'accompagneront jusqu'à la communauté. Je suis allée faire une visite à Dolancourt depuis mon entrée au couvent. J'y ai passé une journée, vous ne sauriez croire combien elle m'a été pénible ; je sens que je ne pourrais pas renouveler plusieurs fois le sacrifice que j'ai fait ; aussi en quittant la maison paternelle pour la dernière fois, je lui ai dit un éternel adieu, et j'ai pris la résolution de ne jamais la revoir à moins que l'obéissance ne m'en fasse un devoir.

« Je me recommande d'une manière toute particulière à vos bonnes prières. Demandez pour moi le détachement et la persévérance dans ma vocation. Je l'aime plus que jamais, et je bénis Dieu de me l'avoir inspirée. »

« Après avoir parcouru ces lettres si belles dont toutes les lignes sont empreintes des plus nobles sentiments, on comprend facilement que cette âme d'élite, cette nature douée de tant de dons, n'était pas faite pour la terre, mais devait appartenir à celui qui l'avait formée.

« La voilà donc maintenant, par la volonté manifeste du ciel, là ou elle devait passer quelques jours donnant à tous de grands exemples de vertu et n'aspirant qu'à plaire à celui qui avait agréé le don de son cœur.

« Pendant six mois elle vécut dans une solitude complète. Morte au monde, ne vivant que pour Dieu, se façonnant aux exigences et aux austérités de la vie religieuse. Les jours d'épreuve passés, elle eut de nouveau quelques rares relations qui devaient bientôt finir pour toujours. Ce fut au sortir de son noviciat qu'elle écrivit à l'ami de sa famille cette dernière lettre qui inspirerait même aux âmes glacées par le froid des mauvaises passions l'amour de la vie religieuse. »

« Paris, 29 août 1860.

« Monsieur le Curé,

« Permettez-moi de rompre enfin un silence de six mois ; j'ai besoin de vous initier à mes

joies et à mon bonheur, comme à mes espérances et à mes sacrifices. Tout cela est en
partie le fruit de vos conseils et de vos prières.
J'aurais été heureuse de répondre à votre bonne
lettre que vous m'avez adressée pendant mon
séminaire ; mais mon excellente mère que j'ai
priée d'être mon interprète auprès de vous, a dû
vous dire que selon la règle du noviciat, j'avais
brisé toutes mes correspondances. Je suis sûr
que vous en avez apprécier les motifs. Ce sont
surtout ces petits sacrifices du cœur, ce détachement universel que Dieu nous demande, à
nous pauvres filles, qui n'avons plus sur la
terre, ni pays, ni patrie, ni parents, ni amis :
ou plutôt je me trompe : le monde entier nous
est ouvert, puisque Saint-Vincent-de-Paul
nous l'a dit, et notre amour enveloppe le monde
entier. Cependant la sainte indifférence autorise
et commande bien quelquefois de légitimes
exceptions ; et en nous donnant l'exemple d'un
parfait détachement, notre saint instituteur
nous donna, vous le savez, à un sublime degré,
celui de la reconnaissance et de la solide affection. Je veux être une vraie fille de Saint-

Vincent-de-Paul, heureuse si je pouvais copier fidèlement les nobles et belles maximes qu'il nous a laissées.

« Mais j'ai hâte de vous dire, Monsieur le Curé, ce que vous devinez peut-être. Ce n'est plus une postulante qui vous écrit, ce n'est pas même une petite Sœur du séminaire en coiffe blanche ; mais c'est chose ni rare ni précieuse, une petite Sœur grise, voilà tout, bien contente et bien joyeuse d'avoir mis sa cornette entre le monde et elle. La barrière est solide : la mitraille ne saurait la renverser. Je ne sais pas s'il est donné de goûter sur la terre des joies plus douces que celles que j'éprouvais quand je fus revêtu pour toujours du pauvre et saint habit des filles de la charité. Il est de ces choses qui se sentent et ne s'expriment pas. Je suis placée à l'hospice du Prince ; j'y suis très heureuse, puisque j'accomplis la volonté de Dieu. »

Cet hospice du Prince est situé dans la rue Saint-Dominique, habitée en grande partie par la classe ouvrière qui est heureuse de confier ses enfants aux soins maternels des sœurs de la charité. Notre jeune sœur qui avait échangé son nom de postulante en celui de Sœur Jeanne, commença sa carrière de dévouement en acceptant la charge de soixante petites filles toutes sorties de condition bien modeste. Quel n'était pas son bonheur de se voir entourée de ces petits êtres d'autant plus intéressants qu'ils avaient plus besoin de la tendresse de ces mères adoptives pour former leurs jeunes cœurs à la vertu.

Deux ans s'écoulèrent dans l'accomplissement de ce pieux devoir, mais la tâche était au-dessus de ses forces : bientôt sa santé commença à être ébranlée, une affection pulmonaire inspira de grandes craintes à sa chère famille et à ses supérieurs. Il lui fallut même abandonner cette occupation si douce à son cœur. Elle fut placée à l'hôpital militaire de Vincennes, moins pour prodiguer ses soins aux militaires que pour rétablir sa santé dans un climat très pur, dans une situation des plus gracieuses; mais, pour une nature aussi ardente, ne s'occuper que d'elle-même était impossible ; et là, comme ailleurs, avec des occupations multipliées, elle montra à ses compagnes, pleines d'admiration, ce que peut une belle âme ornée de tous les dons de la grâce.

Laissons maintenant notre chère Sœur Gain nous faire le récit des derniers jours que passa sur la terre notre Sœur si justement regrettée de tous ceux qui l'ont connue, et surtout de ses chers militaires qui l'entouraient de tant de vénération et de respect, et qui l'appelaient l'ange de la charité.

Remarques sur ma Sœur Marie-Opportune GOU-
THIÈRE, de Paris (Vincennes), âgée de 25 ans,
4 ans 1[2 de Vocation.

Ma Sœur Gain, Sœur Servante à l'hôpital
militaire de Vincennes, sous l'impression des
vertus prématurées de ma Sœur Gouthière, sa
jeune compagne, nous a remis les détails
suivants :

« Je suis très-heureuse, en répondant au
désir de votre cœur, ma très-honorée Mère,
de satisfaire le besoin du mien et de vous
donner quelques notes sur ma Sœur Gouthière, que j'ai trop peu connue, assez toutefois pour ne jamais oublier les beaux exemples
qu'elle a laissés à notre cher hôpital.

« Quand vous me confiâtes cette bonne
Sœur, votre charité me dit : « Je vous donne
une sainte enfant, mais sa santé est bien frêle. »
En effet, son aspect me laissa entrevoir un
tempéramment déjà bien affaibli, mais en même
temps son air angélique me fit une impression bien douce qui ne se démentit jamais ;

car je puis dire que sa vertu est allée toujours croissant.

« Elle fut mise au repos en arrivant à Vincennes, n'étant pas en état de soutenir le travail. Ce fut un cruel sacrifice qu'elle n'accepta qu'avec larmes, quoique sa résignation fût grande. La pauvre enfant disait souvent : « Je me prépare à faire vœu de servir les « pauvres, je suis leur servante et je ne fais « que la *dame* toute la journée... Oh ! ma « Sœur ! que c'est dur ! — Mais, lui répliquais- « je, vous voulez aussi prononcer le vœu « d'obéissance ? Vous en faites l'essai mainte- « nant, vous soumettant à la volonté de Dieu... « Vous avez d'ailleurs besoin de mortifier un « peu l'activité naturellle ; n'êtes-vous pas « contente que Notre-Seigneur vous éprouve « ainsi ? — C'est vrai, si j'étais fervente, je « serais plus généreuse... Priez pour moi, ma « Sœur ; si vous saviez comme je désire me « donner à Dieu !... Comme j'en ai faim et « soif !... »

« L'heure du travail arriva enfin, et notre chère Sœur ne s'y livra pas à demi ; je puis le dire en toute vérité, je n'eus jamais à son égard qu'une seule préoccupation, celle de l'arrêter toujours. Elle n'avait jamais assez de travail, jamais assez d'humiliations. Je me plaisais à la récréation à lui faire la charité spirituelle sur son adresse pour dérober aux autres les travaux pénibles, ce que j'appelais en sa présence faire sa *petite volonté avec obstination, entêtement*, s'établir la sœur *universelle*, etc... Alors elle me regardait avec une douceur charmante et disait : « C'est vrai pourtant... oui, « c'est vrai !... Comme j'ai des défauts !... « Quelle misère... » Et le lendemain cette sainte enfant venait s'humilier, me suppliant de lui donner une pénitence, de ne point la ménager, elle m'en priait avec une conviction si profonde de ce qu'elle appelait ses torts, que je m'en sentais moi-même tout émue.

« Ma Sœur Gouthière agissait visiblement par la foi. Quand j'entrais dans sa salle, elle s'avançait aussitôt pour me saluer, et, si sa bonne éducation le lui dictait, je savais en même temps pénétrer à fond le motif surnaturel qui la faisait agir. Sa bonne tenue dans nos salles édifiait chacun ; elle joignait à une grande simplicité un air de dignité angélique, qui inspirait le respect à nos bons militaires. Sa présence seule en a converti deux qui sont maintenant de bons chrétiens.

On ne la voyait jamais perdre le temps, ni tenir des conversations inutiles : toujours occupée de Dieu et de son devoir, notre bonne Sœur se serait fait un grand cas de conscience de dire une seule parole contraire à la charité ; jamais de contestation, jamais de réponse tant soit peu mortifiante. Elle évitait de parler d'elle, de sa famille, de ce qu'elle avait été dans le monde. A l'entendre, elle n'était qu'une pauvre fille des champs, sans science, sans moyens : mais nous savions à quoi nous en tenir, et nous ne doutions pas des importants services qu'elle eût pu rendre plus tard à la Communauté, tant par la droiture de son esprit que par la solidité de son jugement et sa sage appréciation des choses. Ma Sœur Gouthière vivait cachée en Dieu ; c'était là son étude comme son bonheur.

« Une circonstance particulière me contraignit à la retirer un peu du service des malades ; elle fut mise à la petite cuisine des Sœurs et pleura amèrement sa salle. L'ayant surprise ainsi tout en larmes, je lui en fis des reproches : « Comment ! Sœur Jeanne (c'était son nom à « l'hôpital), voilà comment vous pratiquez l'o- « béissance? ne devez-vous donc pas vous trouver « bien honorée de servir les épouses de Notre- « Seigneur ? » Elle s'humilia au même moment et me dit ensuite : « Je suis heureuse, ma Sœur, « de faire la volonté de Dieu ; mais je pleure « pour deux choses : la première, parce que « je vois que j'aimais trop nos malades, moi « qui ne veux aimer que Jésus-Christ ; la « seconde, parce que je pense que nos Sœurs « vont être bien à plaindre de m'avoir pour « *cuisinière ;* je ne sais rien faire, néanmoins « je vous promets d'y mettre toute ma bonne « volonté. » Je la rassurai de mon mieux sur ces deux points, et ma Sœur Jeanne vécut plus cachée encore dans sa petite cuisine où elle n'était vue que de Dieu, y continuant cette vie d'union et de prière qui lui était habituelle. Elle remplit cet office pendant un mois d'une manière si édifiante, si dévouée, si humble et avec tant d'ordre et d'arrangement, que ce fut bien à regret que je la remis aux salles, sa mauvaise vue me privant de pouvoir l'employer ailleurs ; elle eût pu remplir avec un égal succès tous nos divers offices.

« La vie de notre bonne Sœur Jeanne fut courte ; Dieu se hâta de la mûrir. Pendant qu'elle travaillait et se violentait, la sagesse divine l'épurait de son côté par des peines dont Notre-Seigneur était le dépositaire. Les écrits trouvés après sa sainte mort attestent son amour pour la croix, les humiliations, et tout ce qui est souffrance et mort pour la nature.

« La voir devant le très-saint Sacrement, c'était voir un ange adorateur ; aucune autre comparaison ne rendrait ma pensée ; tout absorbée en Dieu elle restait des heures entières à genoux, les mains jointes, immobile et abîmée dans le silence de l'adoration et de la prière. Je la regardais, je m'édifiais, je me confondais... J'étais heureuse alors de l'offrir à notre bon Maître pour le dédommager de nos froideurs et et surtout des miennes. Les jours de communion étaient ses jours de profond recueillement ; elle avait la sainte habitude d'en régler les intentions ; chaque semaine il y en avait une pour sa Sœur Servante et ses compagnes, une aussi pour ses enfants quand elle était aux classes, et une pour ses malades depuis son séjour à l'hôpital. Notre divin Sauveur s'est plu à satisfaire ses brûlants désirs du pain des anges, car elle n'a manqué aucune communion pendant les quatre mois de sa maladie. »

Avant d'entrer dans ces derniers détails, les souvenirs des compagnes de ma Sœur Jeanne trouvent naturellement ici leur place ; nous citerons ceux qui nous ont frappées le plus et dans lesquels, du reste, se trouvent à peu près résumés tous les autres :

« Ayant eu le bonheur de me trouver au Séminaire avec ma Sœur Jeanne, rapporte l'une d'elles, je ne puis taire les sujets d'édification que j'en ai reçus. Tout en elle portait le cachet de la perfection, et je n'oublierai jamais la douce impression que je ressentis quand il me fut donné de la connaître. L'accueil bienveillant et cordial qu'elle me fit le jour où l'on m'adjoignit à elle pour remplir le même office, joint à la douceur et à l'aménité de ses paroles, suffirent pour me faire comprendre ce que vallait cette bonne Sœur. Toujours la première à tout, elle avait la douce habitude de prendre pour elle ce qui était le plus pénible, s'oubliait entièrement et ne pensait qu'aux autres, afin de leur éviter toute peine. Fallait-il céder, elle le faisait avec la même douceur et la même égalité, ne témoignant jamais à l'extérieur ce qui pouvait la contrarier ou lui déplaire. Charitable par-dessus tout, elle savait nous dire à propos une de ces paroles qui, en vous laissant entrevoir un défaut, donnent une nouvelle ardeur pour se vaincre, et un nouveau désir de bien employer le temps trop court et cependant si précieux du Séminaire. Elle possédait l'estime et l'affection de ses jeunes compagnes ; aussi nous arrivait-il souvent de nous entretenir des bons exemples qu'elle nous donnait, nous encourageant ensemble à marcher sur ses traces. Tout en elle nous paraissait si accompli, que bien des fois nous nous communiquions nos craintes, appréhendant qu'elle ne quittât trop tôt la terre, pour s'en aller au ciel.

« Je regarde comme une faveur d'en haut, dit une autre, d'avoir eu pour compagne d'office notre bonne Sœur Jeanne ; c'était une de ces âmes prédestinées que le Seigneur ne semble mettre en ce monde que pour dire à ceux qui ont le bonheur de les connaître : *Faites selon le modèle que vous avez sous les yeux.* Nos rapports journaliers étaient si agréables et si doux que nous nous trouvions mutuellement trop heureuses. Je n'ai jamais remarqué en elle le plus léger nuage d'humeur ; je l'ai vue au contraire toujours gracieuse, douce, charitable au suprême degré, sachant excuser l'intention des unes, faire ressortir les bonnes qualités des autres, garder un profond silence sur les défauts de toutes et sur les torts ou procédés peu convenables qui eussent pu la froisser. A l'entendre, tout le monde était bon. Ma Sœur Jeanne réunissait à un jugement sain toutes les qualités de l'esprit et du cœur ; mais elle ne s'en prévalait pas. Elle ne voulait être connue que de Dieu, et agissait en consé-

quence. Elle s'adonnait à nos saints emplois
avec un zèle et une ardeur qui dépassaient
ses forces ; il fallait la surveiller pour la retenir
dans de justes bornes, car son désir de se dépenser pour Dieu n'en avait point. Il m'arrivait
souvent de la regarder avec admiration quand
elle était dans nos salles, et je la voyais si
soigneuse, si attentive, si douce pour nos
malades qu'ils en demeuraient sensiblement
touchés : « Ah ! me disais-je, ma Sœur Jeanne
n'agirait pas autrement quand elle verrait
Notre-Seigneur en personne. » Elle conservait
dans ses manières un calme, une paix qui
témoignaient de son union avec Dieu ; son
extérieur était si recueilli qu'il portait à penser
à ce doux Maître. Je n'étais pas la seule à
subir cette impression, les malades la ressen-
taient également. Un d'entre eux la voyant un
jour faire la toilette du matin à un pauvre
moribond avec tant de soin, d'attention et de
douceur, assura qu'il en avait été réellement
ému, qu'il lui avait semblé voir l'ange gardien
de ce pauvre malade préparer son âme à aller
paraître devant son juge, et la lui présenter

avec tant de bienveillance et de charité que Dieu ne pouvait certainement lui refuser l'entrée du ciel.

« Quand nous nous retirions ensemble dans notre cabinet, au moment où le permettait le service, j'excitais la bonne Sœur Jeanne à parler, car je savais qu'elle n'avait que des choses édifiantes à dire ; j'aimais surtout à l'amener sur le chapitre de l'abandon à Dieu, qui était son élément. Elle admirait alors les voies crucifiantes par lesquelles le Seigneur se plaît à faire passer les siens, les obligeant par une secrète miséricorde à se détacher de tout, les abreuvant d'amertumes, jusqu'à ce qu'ils sentent la nécessité de dire : *Mon Dieu, vous êtes mon tout !* Elle ajoutait ensuite : « Et cependant qui le croirait ? L'on « est heureux d'être sous la main de ce grand « Maître jusque dans ces moments-là, et l'on « ne voudrait pas dire une parole, ni faire « un pas pour s'affranchir de ses peines : car « on sent d'où elles viennent, et le bon plaisir « de Dieu les adoucit... »

Une autre ajoute : « Il est toujours difficile

de parler des vertus des anges ; Dieu, dans sa bonté infinie, nous avait favorisées de la présence passagère de l'un d'eux parmi nous ; mais il s'est hâté de le reprendre au moment où nous goûtions le bonheur de respirer le doux parfum des grâces qu'il lui avait si abondamment réparties.....

« Ma sœur Jeanne était *bonne*. Je ne saurais en aucune manière rendre mieux l'impresssion qu'elle me faisait... *Bonne* pour ses compagnes, *bonne* pour les pauvres, *bonne* pour les malades, *bonne* pour nos employés, *bonne* pour les siens qu'elle aimait surnaturellement en Dieu seul. Le divin maître toutefois lui avait laissé de quoi mériter beaucoup ; sa volonté était prononcée et entière ; la vertu de condescendance lui offrait de rudes sacrifices, surtout quand il s'agissait de modérer son ardeur au travail, et son attrait prononcé pour la mortification... Cette tendance perçait partout ; à table, sans qu'on s'en aperçût, elle tâchait de refuser tout à la nature, saisissait adroitement l'absence de ma Sœur pour prendre le plus mauvais morceau, les restes des autres, les fruits gâtés, etc., et tout cela sans ostentation, sans avoir l'air seulement d'y prendre garde... S'oubliant elle-même, elle n'avait la prétention d'en occuper personne. Dieu tout seul était son lot.

« Oh ! comme elle aimait le travail ! et avec quel courage elle s'y portait : car elle prétendait que ses forces lui permettaient d'embrasser le plus fort, *étant,* disait-elle, *bien plus capable de le soutenir que nous.* Quoiqu'elle ne pût nous en convaincre, elle s'expliquait avec tant de grâce et de persuasion, que souvent nous finissions par céder en riant et par la laisser faire... Un de nos bons soldats me disait encore ces jours derniers en me parlant de cette chère compagne : « Oh ! ma Sœur, qu'elle était bonne ma Sœur Jeanne ! Quand j'étais *en salle* avec elle, il m'arriva un jour de m'oublier et de *boire un coup ;* elle me prit à part, me reprit doucement, me faisant une remontrance telle que me l'aurait faite ma propre mère... Ses paroles étaient tellement bonnes que je m'en souviendrai toujours... Elle était *jeune* pourtant ; mais je l'écoutais avec la pensée de retenir toute ma vie ce qu'elle me disait... »

« D'un zèle et d'un dévouement sans bornes auprès de nos malades, poursuit une autre Sœur, ma Sœur Jeanne était là vigilante et attentive. Ponctuelle à tout ce que le médecin avait ordonné, j'étais parfaitement tranquille quand j'étais obligée de la laisser seule à l'office, sachant bien que nos pauvres malades ne manqueraient de rien.

« Elle joignait à une aimable simplicité une grande élévation d'esprit et une maturité de jugement bien au-dessus de son âge ; on était étonné de rencontrer dans une si jeune Sœur une si juste appréciation de toutes choses. Elle conservait une telle dignité et tant de modestie dans ce qu'elle faisait, qu'elle commandait le respect le plus profond ; sa vertu imposait en même temps qu'elle lui conciliait les cœurs. Nos militaires subissaient cette sainte influence, ils l'aimaient, l'appréciaient, la vénéraient, et si elle s'absentait plus d'un jour de l'office, ils ne manquaient pas de demander où était la petite Sœur Jeanne.

« Aucun sacrifice ne coûtait à cette âme vraiment généreuse, ou du moins aucun ne la trouvait hésitante ; elle s'étonnait que l'on ne fût pas disposé à tout dans la vie de communauté. C'était admirable de la voir obéir au premier mot, au premier signe, et toujours le sourire sur les lèvres, sans qu'il y eût moyen de s'apercevoir si la chose commandée lui plaisait ou non. Mais que dis-je ? elle lui plaisait toujours ; car elle n'y voyait que la volonté de Dieu, et son amour pour lui faisait aimer tout ce qu'il voulait.

« Comme notre Sœur Jeanne n'était jamais dissipée, elle se recueillait sans effort. A peine entrée à la chapelle, Dieu seul absorbait toutes ses pensées ; son extérieur, son immobilité, sa tenue, tout en un mot indiquait qu'elle était loin de la terre, et que les choses du Ciel l'occupaient entièrement.

« Je ne puis me défendre de dire un mot de son tendre amour pour Marie ; quand elle parlait de cette bonne Mère, son cœur s'épanchait avec une étonnante effusion ; elle savait suggérer à propos à nos malades de petites pratiques en son honneur, et c'était toujours à cette puissante avocate des pécheurs qu'elle demandait leur conversion. Plusieurs furent sa conquête peu avant leur dernière heure ; je ne doutai pas que sa foi et sa confiance en Marie lui eussent obtenu ces grandes consolations. »

« Ma Sœur Jeanne, continue encore une autre Sœur, était un modèle accompli de toutes les vertus ; mais nous l'avons vue surtout posséder à un très haut degré l'esprit d'oraison, de charité et de douceur. Pendant que j'ai vécu avec elle, je n'ai pas su remarquer en sa conduite la moindre imperfection ; jamais un mouvement d'impatience ni de mauvaise humeur.

« Sa charité m'a paru sans bornes ; elle saisissait toutes les occasions d'obliger ses compagnes ; mais cela sans partialité, sans recherche, sans préférence aucune. Elle se faisait même un devoir de prévenir particulièrement les personnes qui auraient pu la contrister. Il est inouï qu'on l'ait entendue mal parler d'une de nos Sœurs, ni blesser la charité ; elle excusait, pacifiait toujours, interprétait même en bonne part les faiblesses apparentes.

« Tous ses entretiens tendaient à édifier et

portaient à la vertu. Elle goûtait et pratiquait ces paroles qui étaient sa devise : *Une véritable servante de Jésus-Christ supporte tout, travaille beaucoup et parle peu.* Le silence, le travail et l'oraison faisaient sa vie.

« Elle ne s'attachait point à Dieu pour ses consolations sensibles, mais uniquement pour lui seul ; l'affection des créatures était étrangère à son cœur : « Qu'on est heureux, disait « Sœur Jeanne, quand, après avoir fait le sa- « crifice de sa famille, on s'abandonne à la « volonté de Dieu, pour le laisser disposer de « nous selon son gré et non selon le nôtre. »

« Sa tendresse pour les malades lui eût fait souhaiter de pouvoir se dépenser pour eux toute entière ; souvent, après de rudes fatigues, elle me disait avec ferveur : « Allons, voilà « une journée pleine ; mais si j'avais encore « vingt-quatre heures devant moi, je ne pren- « drais d'autre repos que le plaisir de les consa- « crer encore à nos pauvres soldats. » Si je l'engageais à se ménager un peu, elle me répondait en souriant : « Je suis née pour travailler « et non pour me reposer. » Cet amour du travail ne l'a pas quittée jusqu'au dernier moment ; quand il fallut par obéissance se mettre au lit, son cœur se brisa, et des larmes s'échappèrent de ses yeux ; elle les essuya aussitôt et s'arracha de sa salle, en s'offrant à Dieu pour aller au sacrifice.

« Ma sœur Jeanne n'approchait point un malade sans lui parler de Dieu ; elle avait une grande action sur les cœurs par sa piété unie à sa charité. Huit jours avant nos grandes fêtes, elle redoublait de prières, afin d'attirer sur nos malades de particulières bénédictions et d'obtenir qu'un grand nombre s'approchassent des sacrements.

« Elle eût voulu les voir tous à la sainte table ; elle allait au-devant d'eux les inviter doucement à s'y préparer, était ingénieuse à encourager leurs bons désirs, leur distribuant des chapelets, de bons livres, etc. Si quelqu'un d'eux ne répondait à son zèle que par de l'indifférence, elle s'en humiliait, disant : « Ce « sont mes péchés qui arrêtent la grâce ; je ne « mérite pas de gagner des âmes au bon Dieu. »

« Une autre enfin s'exprime ainsi : « La

« mort vient d'enlever à notre affection l'une de nos jeunes et pieuses compagnes... Nos prières et nos regrets l'ont suivie jusqu'au séjour où son âme si pure s'est envolée ; toujours son souvenir restera parmi nous. Air angélique, âme plus angélique encore, le Seigneur s'était plu à la douer des dons les plus précieux de la nature et de la grâce ; en ne la laissant que peu de temps sur la terre, il a voulu nous apprendre que ce qui est bon et parfait lui appartient et doit retourner à lui. Mais si sœur Jeanne nous a édifiées ici-bas, si elle attirait les bénédictions de Dieu sur la Communauté, dans le ciel elle nous protégera bien mieux encore ; elle y sera pour nous comme une douce étoile, afin de nous guider dans le chemin qui l'a conduite elle-même au bonheur.

« L'amour de Sœur Jeanne pour Dieu était solide et fervent ; son âme vivait en sa sainte présence. Silencieuee, recueillie, je ne saurais mieux la comparer qu'à la lampe qui se consume devant l'autel du Seigneur : car son cœur s'élevait sans cesse vers lui et n'existait que

pour lui. Elle avait un attrait prononcé pour
la prière ; le devoir en réglait les moments, et
l'obéissance sut toujours borner ses désirs.
Pour pénétrer un peu les secrets de ce bon
cœur, il suffit de parcourir les pieux élans que
lui dictait sa rare piété ; en voici quelques-uns :
« Toutes les pensées de mon esprit doivent se
« porter du côté du ciel ; je ne veux pas en
« dérober une seule à Dieu, chaque mouvement
« de mon être pouvant contribuer à m'acquérir
« un degré de gloire éternelle par la pureté
« d'intention... Pour être sainte il faut aimer
« Dieu... Réfléchir et se vaincre mène à la
« perfection »

« Dès son début dans sa chère vocation,
Sœur Jeanne fut éprouvée par la souffrance ;
elle se vit aussi menacée de perdre la vue ;
engagée à faire une neuvaine pour obtenir sa
guérison : « Non, non, dit-elle, si Dieu veut
« me guérir, il le peut... que sa seule volonté
« s'accomplisse ! » Dans ces dispositions d'a-
bandon et de soumission elle traça ces lignes :
« O mon bon maître ! je ne veux pas m'écarter
« de la voie que vous me tracez ; vous me

« donnez des souffrances, une grande croix à
« porter, merci mon bon Maître ! je veux la
« garder sur mon cœur… Oui, mon Souverain,
« donnez-moi des douleurs, si la douleur peut
« augmenter mon amour.. Pardonnez-moi
« mes répugnances et accordez-moi le courage
« de me trouver heureuse en souffrant pour
« vous… Aujourd'hui je m'engage à vous
« remercier toutes les fois que je sentirai da-
« vantage la pesanteur de ma croix !… »

« Ma sœur Jeanne était détachée de tout ;
elle ne laissait paraître aucune affection exté-
rieure et sensible pour aucune créature, ne
tenait absolument à rien. Prête à tout pour
témoigner à Dieu son amour, on ne s'apercevait
pas même qu'elle fît un sacrifice dans les divers
changements qui semblaient devoir lui causer
de la peine. Dans sa maladie elle a manifesté
une perfection réellement remarquable. Le
sourire sur les lèvres, la paix dans le cœur
accompagnaient une patience à toute épreuve.
Sans se déconcerter de la longueur de l'attente,
elle nous disait avec douceur : « Je ne puis
« encore aller au Ciel, parce que je n'ai pas

« assez souffert. » Disons-le donc, Sœur Jeanne était une âme d'élite ; aussi Dieu se plaisait-il à communiquer avec elle comme avec une élue de son cœur. Voici ce que nous avons trouvé encore dans le petit recueil de ses saintes résolutions : « Le 25 janvier, jour de la Conver
« sion de S Paul, Notre-Seigneur m'a fait
« comprendre qu'il voulait de moi deux choses :
« la première, le renoncement à moi-même en
« tout ; la seconde, la recherche des souffrances;
« il me promit pour fruit de ces pratiques la
« pureté de cœur. Pour y arriver il faut fuir
« jusqu'aux moindres imperfections, se déta
« cher totalement des créatures, se mortifier
« continuellement.

« Pendant la neuvaine de la Translation, en
« 1863, j'ai eu le bonheur de faire une demi-
« heure d'oraison devant la châsse de notre
« Bienheureux Père ; je me suis sentie pénétrée
« d'une joie inexprimable, et j'ai supplié
« S. Vincent de me faire clairement connaître
« la vertu à laquelle je devais spécialement
« m'appliquer... Je me tenais en sa présence
« comme une fille devant son père qu'elle

« aime trop pour le lui exprimer par des pa-
« roles... Je crus entendre distinctement au
« fond de mon cœur une voie secrète qui me
« dit : *Agis comme étant la dernière de la*
« *Compagnie ;* paroles bénies que je garde
« comme un trésor et que je désire de toute
« mon âme mettre en pratique. »

Nous terminons ici les notes des compagnes
pour reprendre le récit de ma Sœur Gain :
« La santé de ma Sœur Jeanne nous donnait
de vives inquiétudes ; le premier mois de sa
maladie fut un cruel martyre pour cette infa-
tigable servante des pauvres ; la privation du
travail lui était une souffrance inexprimable ;
le médecin se désolait de son ardeur : « Je
« vous en supplie, Monsieur, lui disait-elle,
« laissez-moi soigner nos pauvres malades,
« j'en ai la force, je le sens, j'ai demandé d'ail-
« leurs à Notre-Seigneur de me laisser mourir
« les armes à la main... » Celui-ci ne pouvait
contenir son émotion, et, détournant la tête, il
répondait : « Eh bien, ma pauvre Sœur, vos
« désirs seront comblés, vous mourrez victime
« du devoir.. Vous avez été jusqu'au bout... »

— « C'est une sainte, me disait-il ensuite, elle
« ne peut vivre longtemps, il faut en faire le
« sacrifice ! Que je vous plains, ma Sœur, de
« perdre un pareil sujet !... »

« Le second mois fut plus désolant encore ;
le mal marchait avec une effrayante rapidité, et
la malade demeurait dans une complète illu-
sion ; elle aspirait toujours au travail... Une
assemblée de médecins fut convoquée, et le
danger reconnu imminent ; ma Sœur Jeanne,
instruite de l'unanimité du jugement de MM.
les docteurs, ne pouvait se persuader qu'elle en
fût là : « Est-il vrai, me demandait-elle, est-il
« bien vrai que je m'en vais ?... » Sur ma réponse affirmative, elle s'écria spontanément :
« Quel bonheur !... Je vais donc mourir !...
« J'ai toujours demandé à la très sainte Vierge
de mourir jeune... Quelle grâce !... Pourquoi
« ne pas me l'avoir dit plus tôt ? Je ne m'en
« doutais pas... » La voyant si heureusement
disposée, je n'hésitais pas à lui proposer de
recevoir les derniers Sacrements, et de lui an-
noncer qu'elle prononcerait en même temps les
saints Vœux. Tout était joie pour cette âme pure ;

une seule crainte la préoccupait, celle de n'avoir pas assez de temps pour se disposer à l'union céleste qu'elle allait contracter avec son divin Époux. L'obéissance la rassura bientôt, et elle entra dans un profond recueillement en attendant l'heure désirée qui allait combler ses plus chers désirs. L'édification qu'elle donna fut grande ; elle prononça les saints Vœux avec une émotion difficile à décrire ; elle en sentait si bien tout le prix !... D'abondantes larmes inondaient son visage et nous disaient les sentiments brûlants de son cœur. A dater de ce moment, plus que jamais ma Sœur Jeanne ne songea qu'à l'éternité. Deux mois devaient s'écouler encore avant sa bienheureuse délivrance ; mais elle ne demandait qu'à souffrir pour l'amour de Notre Seigneur ; c'était l'unique besoin de son âme. Chaque jour elle s'offrait à Dieu comme une victime de réparation pour ses propres péchés et pour la conversion des pécheurs. De temps en temps elle priait qu'on lui ouvrît la porte de notre oratoire, et de son lit, les yeux fixés sur le saint Tabernacle, elle s'unissait à Jésus hostie, se consumant doucement en sa sainte présence.

« Son esprit de pauvreté répondait au détachement de son cœur ; elle refusa de recevoir
une médaille en argent le jour de ses saints
Vœux, et me dit tout bas : « Ma Sœur, j'ai
« fait vœu dans le monde de ne jamais porter
« sur moi aucun objet en argent , veuillez me
« le remplacer par une médaille en cuivre. »
Après sa mort, à peine ai-je pu trouver quelques images pour les distribuer à ses compagnes ; elle ne possédait rien.

« L'excellente mère de notre sainte malade
était là, offrant à Dieu ce douloureux sacrifice.
Je craignais que sa présence lui fît mal ; mais
cette chère Sœur me rassura, me disant : « Ne
« craignez rien, je souffre il est vrai pour mes
« parents ; ils m'ont toujours trop aimée ; mais
« moi je les aime en Dieu, et l'espérance de
« les revoir au ciel adoucit tous les regrets
« d'une séparation d'un jour. »

« Souvent on l'entendait répéter ces doux
élans du cœur : « Jésus ! ma vie, mon amour,
« vous savez que je suis tout à vous !... Mon
« bon Maître ! tout à vous !... Votre volonté

« suprême !... Oui... votre volonté !... Je ne
« puis plus prier ; mais ma volonté s'unit à
« celle de Dieu... C'est là ma paix !... »

« Cette chère enfant ne proféra aucune
plainte pendant ces quatre longs mois de lan-
gueur, pas une parole d'impatience, pas un
regret ; mais au contraire elle se montra aimable pour tous, gracieuse, bonne à l'excès,
reconnaissante pour la moindre attention, et
toute confuse d'occuper les autres, si heureuses
elles-mêmes de l'entourer de leurs soins.

« Inutilement nous avons supplié le Seigneur
de nous laisser notre bien-aimée compagne :
elle s'unissait à nos prières, mais à la condition
expresse que l'on demanderait surtout que la
volonté de Dieu s'accomplît en elle, elle ajoutait : « Je ne refuse pas le travail ; mais je
« sens que le Maître m'appelle avec lui ; ma
« Sœur, laissez-moi aller !... »

« Il fallut donc offrir ce fruit mûr à Celui
qui nous l'avait donné ; Sœur Jeanne espérait
mourir pendant le beau mois de Marie ; elle
aimait tant la sainte Vierge !... Et le mois de
Marie la laissa sur la croix. « C'est le sacré

« Cœur de Jésus qui vous prendra, lui dis-je,
« n'êtes-vous pas son épouse?...» — « C'est vrai !
« je suis tout à lui... Qu'il fasse ce qu'il vou-
« dra... Tout à lui !... Quel bonheur !... Et
« pour l'éternité !... Ma Sœur !... Je vous re-
« mercie... Je ne vous oublierai jamais !... »
C'était son dernier adieu... Sa faiblesse devint
extrême... Elle reçut encore le pain des anges
le vendredi 3 juin, et jusqu'au 5, dimanche,
sa vie ne fut plus qu'un pieux délire pendant
lequel elle appelait sans cesse Notre-Seigneur
et voulait communier encore.

« Le dimanche matin, vers sept heures et
demie, elle n'avait plus que le souffle. La tête
penchée, elle s'endormit paisiblement dans le
Seigneur, sans agonie, sans effort, comme l'enfant qui prend un doux repos... Elle allait
goûter celui des élus, celui des âmes pures qui
souffrent la vie avec patience et reçoivent avec
joie la mort... Telle est l'impression qu'a laissée
dans notre hôpital la bonne Sœur Jeanne ; on
dit tout haut qu'elle est au ciel et qu'il faut la
prier. »

Cette vie courte et si bien remplie a été

couronnée par un acte qui sera l'honneur éternel de sa famille, et transmettra son nom béni jusqu'aux dernières générations. Le dernier vœu de ce cœur si généreux a été celui d'une fondation de 50 francs de rente pour l'entretien spécial de l'autel de Marie, et d'une fondation perpétuelle de 52 messes pour le repos de son âme. C'est ainsi que les âmes les plus pures redoutent les effets de la justice divine, et implorent pour elles-mêmes le pardon de misères qui n'ont jamais souillé la beauté de leurs âmes.

Toujours exaucée pendant sa trop courte existence, elle ne pouvait pas ne pas l'être sur son lit de mort.

Aujourd'hui, l'église de Dolancourt est en possession de cette double fondation.

Bénis soient et récompensés dès ici-bas, en attendant la possession du Ciel, ses inconsolables parents !

Bar-sur-Aube, typ. de Mme Jardeaux-Ray.